Beate Schubert

Originelle Windräder aus Tonkarton

W0371050

frech-verlag

Fotos: Berit Pankow

Materialangaben und Arbeitshinweise in diesem Buch wurden von der Autorin und den Mitarbeitern des Verlags sorgfältig geprüft. Eine Garantie wird jedoch nicht übernommen. Autorin und Verlag können für eventuell auftretende Fehler oder Schäden nicht haftbar gemacht werden. Für eine Verbreitung des Werkes durch Film, Funk, Fernsehen oder Videoaufzeichnungen ist eine Genehmigung oder Lizenz des Verlags erforderlich. Das Werk ist urheberrechtlich geschützt nach § 54 Abs. 1 und 2 UrhG.

Auflage: 5. 4. | Letzte Zahlen
Jahr: 1996 95 | maßgebend

ISBN 3-7724-1535-0 · Best.-Nr. 1535

© 1992

frech-verlag
GmbH + Co. Druck KG Stuttgart · Druck: Frech, Stuttgart 31

Windräder

Es gibt Spielsachen, die Kinder das ganze Jahr über begleiten - Windräder!

Windräder sind wahrscheinlich eine mittelalterliche Erfindung, älteste Darstellungen gehen ins 14. Jahrhundert zurück. Dort findet man sie eingewirkt in Wandteppiche zwischen Blumen und spielenden Kindern. Windräder haben über Jahrhunderte die Menschen fasziniert.

Ein kleiner Luftzug genügt, und sie drehen sich in farbiger Vielfalt. Wir finden sie auf Kinderfesten, am Fahrrad oder am Kinderwagen. Windräder begleiten uns durch die Kindheit und halten Erinnerungen wach.

Vielfältige Formen können Sie selbst gestalten. Die Anleitungen ermöglichen das Ausführen vieler farbenfroher Varianten und lassen auch genügend Raum für die eigene Phantasie.

Reißzeug
Dünne Bleistifte, Lineal, Zeichendreieck, Winkelmesser und Zirkel helfen beim Aufzeichnen der Schnitte.

Schneidwerkzeuge
Mit spitzen Scheren verschiedener Größen werden die Umrisse grob und später genau geschnitten. Die Nagelschere eignet sich besonders für Rundungen. Mit dem Cutter oder Universalmesser lassen sich genaue Schnitte anfertigen. Für lange, gerade Schnitte ist ein Stahllineal erforderlich. Als Unterlage dient ein fester Karton. Ein Schneidzirkel erleichtert das Ausschneiden von Kreisen und garantiert Genauigkeit.

Klammern
Büro- oder Wäscheklammern verhindern ein Verrutschen frisch geklebter Teile, die eine Spannung haben und längere Zeit trocknen müssen.

Zangen
Mit der Lochzange oder dem Stanzeisen werden Löcher zur Befestigung der einzelnen Teile untereinander und zur Anbringung am Stab erzeugt. Rundzange, Flachzange und Seitenschneider helfen beim Anbringen der Windräder.

Bohrmaschine
Zum Bohren der Löcher in die Holzstäbe wird eine Bohrmaschine, auch batteriebetrieben, benötigt. Die Bohrer haben einen Durchmesser von 1,5 mm.

Reißnadel
Mit der Reißnadel wird der Punkt für die Bohrung markiert.

Holzbrettchen
Bei den Arbeiten mit der Bohrmaschine dient ein Holzbrettchen als Unterlage.

Tonkarton und Folien
Für optimale Stabilität eignet sich 150–200 g starker Karton. Für nichttragende Teile, bzw. dekorative Elemente ist Tonpapier besser. Formstabile Farbfolien erweitern die Gestaltungsmöglichkeiten. Schöne Effekte werden auch mit Regenbogen-Tonpapier erzielt.

Holzstäbe
Die Stäbe haben einen Durchmesser von 6–10 mm und dienen zum Anbringen der Windräder. Es werden Stäbe von ca. 40 cm Länge zugeschnitten.

Perlen
Runde oder zylinderförmige Perlen mit unterschiedlichem Durchmesser dienen als Abstandshalter zwischen Holzstab und Windrad und gewährleisten die Beweglichkeit.

Klebstoff
Zum Kleben von Papier eignet sich ein Klebestift. Für Folien und unter Spannung stehende Teile ist Kontaktkleber praktisch.

Draht
Mit 1 mm starkem Draht werden die Windräder an den Holzstäben befestigt.

Durchsichtiges Klebeband
Einige Windräder erhalten durch Klebeband eine bessere Stabilität.

Tips und Tricks siehe Seite 28

MONTAGE

1. Variante

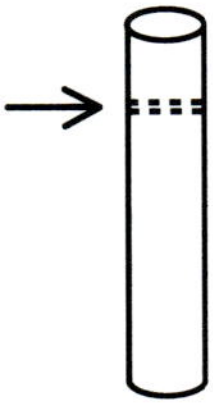

Vorbereiten der Holzstäbe

Mit der elektrischen oder batteriebetriebenen Bohrmaschine bohren wir am oberen Ende der Stäbe Löcher. Der Bohrer soll einen Durchmesser von 1,5 mm haben. Beim Bohren immer ein Holzbrettchen unterlegen.

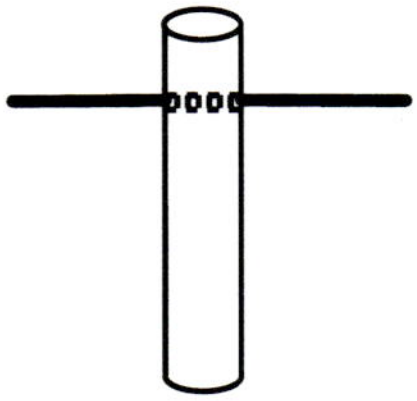

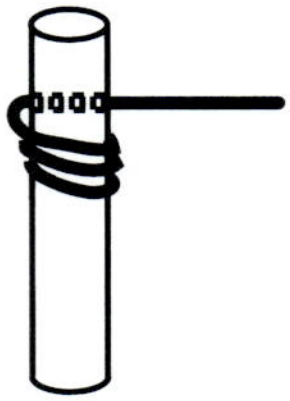

Draht befestigen

Einen 15 cm langen Draht schieben wir bis zur Hälfte in das gebohrte Loch des Holzstabes. Die eine Hälfte mittels Flachzange fest um den Stab wickeln.

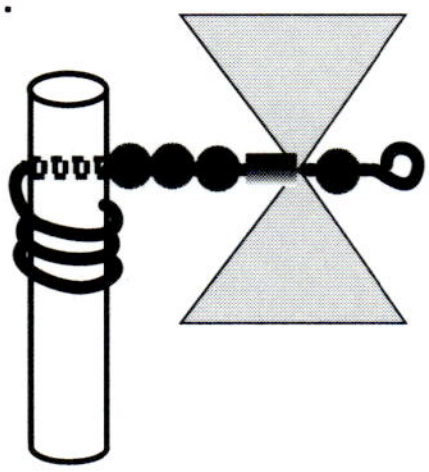

Windrad anbringen

Drei Perlen stecken wir als Abstandshalter auf den noch abstehenden Draht.
Jetzt wird das Windrad aufgesteckt.
Danach fädeln wir noch eine einzelne Perle auf.
Zum Schluß biegen wir das Drahtende mit der Rundzange zu.

2. Variante

Vorbereiten der Holzstäbe

Zuerst zeichnen wir mit einem dünnen Bleistift den Mittelpunkt der Stabspitze an. Dann wird dieser Punkt mit einer Vorstechnadel markiert. Mit einem Bohrer von 1,5 mm wird vorsichtig ein 6–10 mm tiefes Loch gebohrt.

Draht befestigen

Ein 5 cm langer Draht wird mit Kontaktkleber eingeklebt. Dabei darauf achten, daß der Draht gerade nach oben steht.

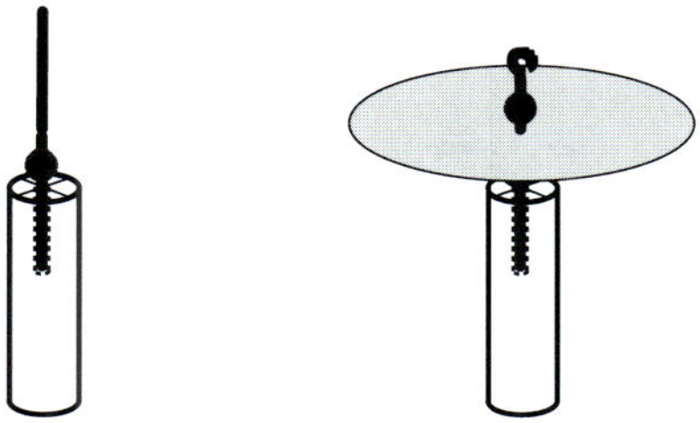

Windrad anbringen

Eine Perle stecken wir als Abstandshalter auf den nach oben stehenden Draht.
Nun wird das Windrad aufgesteckt.
Danach fädeln wir wieder eine Perle auf.
Abschließend biegen wir das Drahtende mit der Rundzange zu einer geschlossenen Öse.

WINDRAD

Dieses fröhliche Windrad ist aus Tonpapier oder Folie herstellbar.

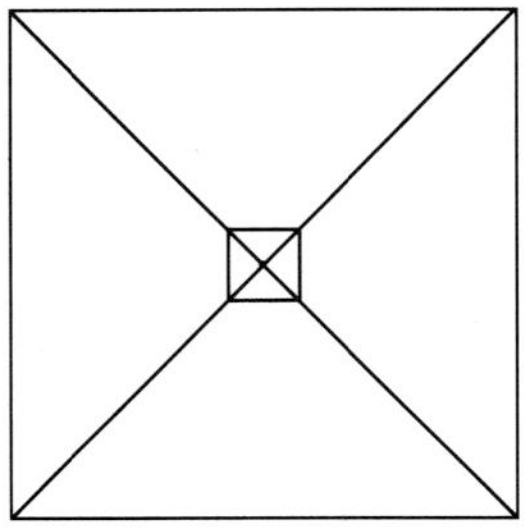

Drei Quadrate mit den Kantenlängen 14, 18 und 22 cm ausschneiden.
Die Diagonalen in die Quadrate zeichnen.
Im Mittelpunkt ein Loch einstechen.

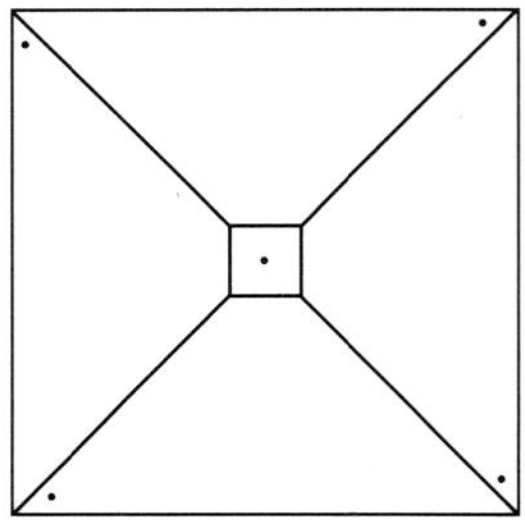

Die Diagonalen bis auf 2 cm vom Mittelpunkt entfernt einschneiden.
In die Ecken Löcher einstechen, wie in der Skizze angezeigt.

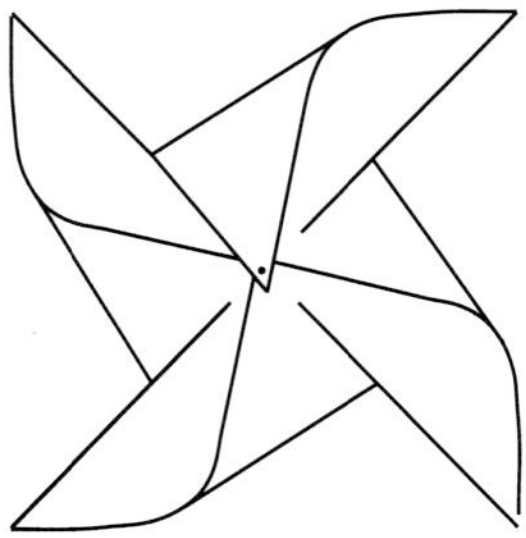

Die Ecken nacheinander umbiegen und mittels Draht über dem Mittelpunkt verbinden.
Alle drei Windräder übereinanderstecken, dabei mit dem größten beginnen.

Die sonnigen Farben erinnern an eine Blüte auf einer Sommerwiese.

DOPPELFLÜGEL

Zwei Windräder falten und zusammenbringen – fertig!

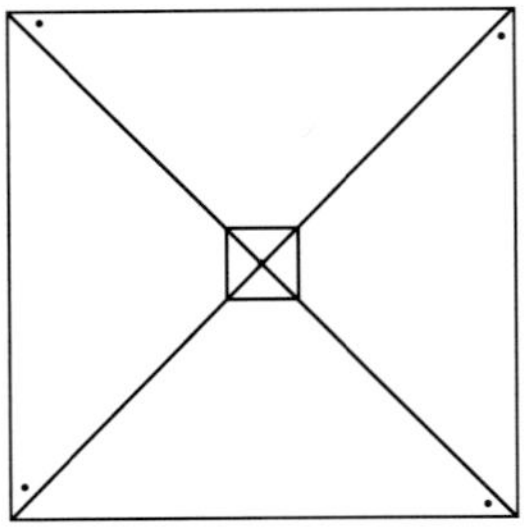

Zwei gleichgroße Quadrate mit der Kantenlänge 16 cm ausschneiden.
Diagonalen in die Quadrate zeichnen.
Im Mittelpunkt und in den Ecken Löcher einstechen.

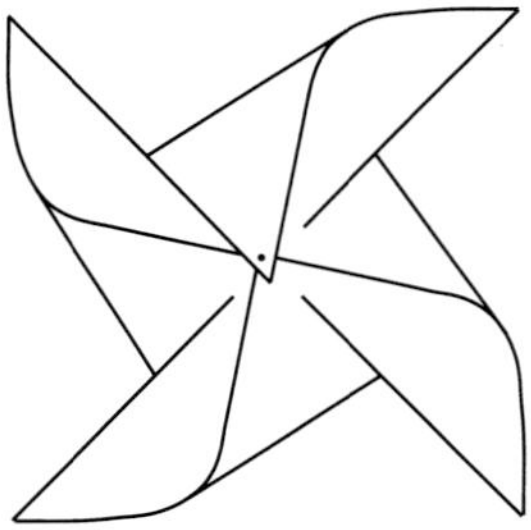

Die Ecken nacheinander umbiegen und mittels Draht über dem Mittelpunkt verbinden.
BEACHTE: Beim zweiten Windrad die Flügel seitenverkehrt umbiegen.

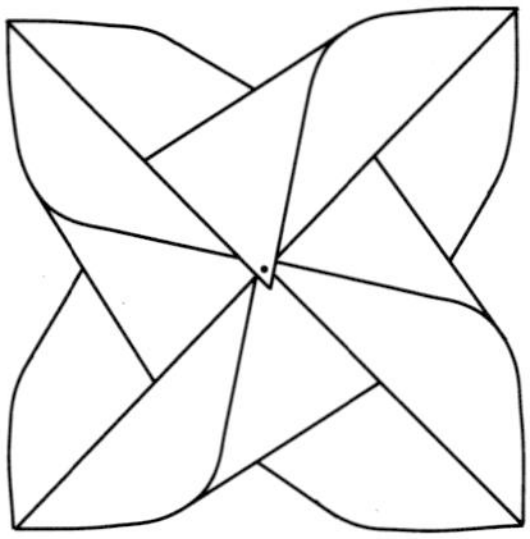

Beide Windräder übereinanderstecken und so drehen, daß die Ecken zusammenstoßen.
An der Rückseite die Kanten beider Räder mit Klebestreifen zusammenkleben.

VARIANTE 1

Ton in Ton zeigt sich diese blaue Windmühle. Auch andere Farben wirken hier sehr schön.

VARIANTE 2

Dieses Windrad finden Sie auf der Vorlage Seite 32 in Originalgröße. Ein einfacher Schnitt ergibt eine schöne Wirkung.

Vierflügler

Eine außergewöhnliche plastische Wirkung wird hier durch den Wechsel von Berg- und Talfalten erzielt.

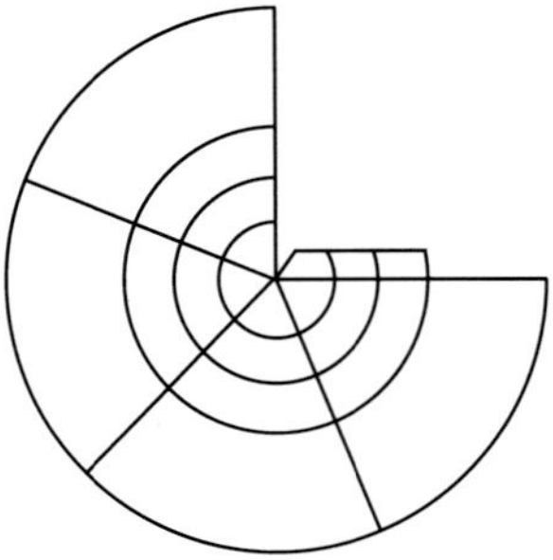

Einen Kreis mit dem Radius 9 cm ausschneiden. Die Innenkreise mit den Radien 2, 3,5 und 5 cm zeichnen. 1/4 Kreis (90°) ausschneiden, ein Klebefalz bleibt stehen. Die verbleibenden 270° des Kreises durch vier teilen, es ergeben sich 67,5°.

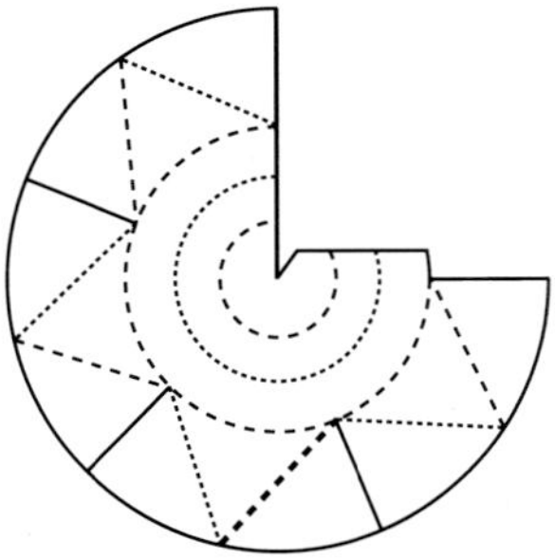

Die Abschnitte bis zum größten Innenkreis einschneiden. Die 67,5°-Abschnitte nochmals durch zwei teilen (33,75°). Die Spitze anzeichnen und diagonal mit dem größten Innenkreis verbinden, diese als Faltlinien anreißen. Die Innenkreise jeweils als Tal- oder Bergfalte anreißen.

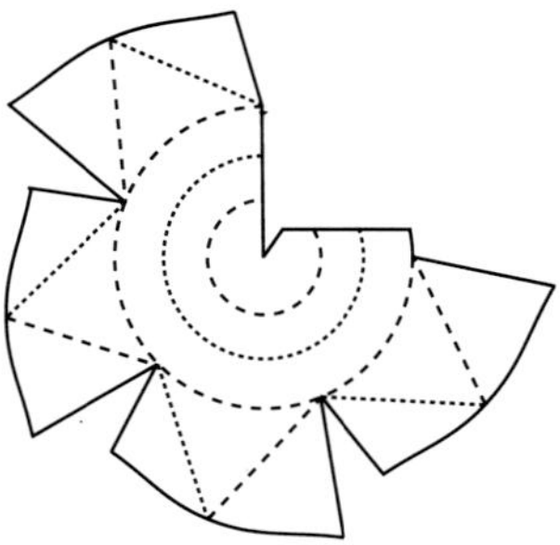

Die Tal- und Bergfalten der Innenkreise vorsichtig falzen. Jetzt das Windrad zu einem Kreis schließen und mittels Klebefalz verkleben.
Die Flügel im Wechsel nach oben und unten falten.

VARIANTE 1

Auf die Flügel geklebte Tonpapiere wirken besonders hübsch.

VARIANTE 2

Feine grafische Linien haben einen besonderen Reiz. Schnitt siehe Seite 31.

FLÜGELRAD

Dieses Windrad ist ganz einfach herzustellen. Durch die Gestaltung der Flügel lassen sich schöne Effekte erzielen.

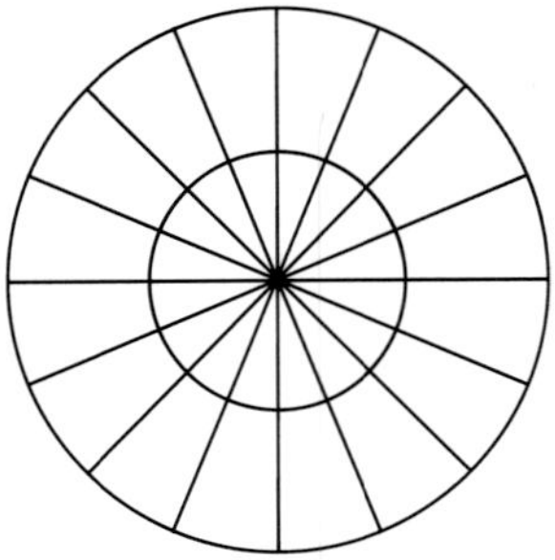

Einen Kreis mit dem Radius 8 cm ausschneiden.
Einen Innenkreis mit dem Radius 4 cm zeichnen.
Den Kreis in 16 gleichgroße Abschnitte teilen.

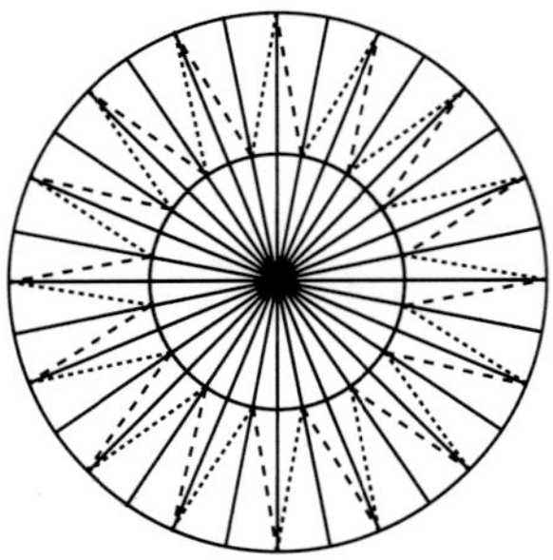

Alle Kreisabschnitte nochmals unterteilen.
Die Spitzen anzeichnen und diagonal mit dem Innenkreis verbinden.
Diese Linien als Faltlinien anreißen.

Die Abschnitte bis zum Innenkreis einschneiden.
Entlang der Faltlinien die Flügel jeweils im Wechsel nach oben und unten biegen.

VARIANTE 1

Die aufgeklebten roten Abschnitte wirken fröhlich.

VARIANTE 2

Mit Regenbogen-Tonpapier kommt jeder schnell zum Ziel.

BLÜTE

Eine lustige Blüte, die sich im Wind dreht!

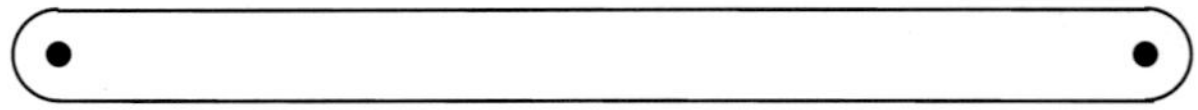

Fünf Streifen aus zweifarbigem Tonpapier mit einer Länge von 25 cm und einer Breite von 3 cm ausschneiden.
Die Enden halbkreisförmig abrunden.
Wie in der Zeichnung angegeben zwei Löcher anbringen.

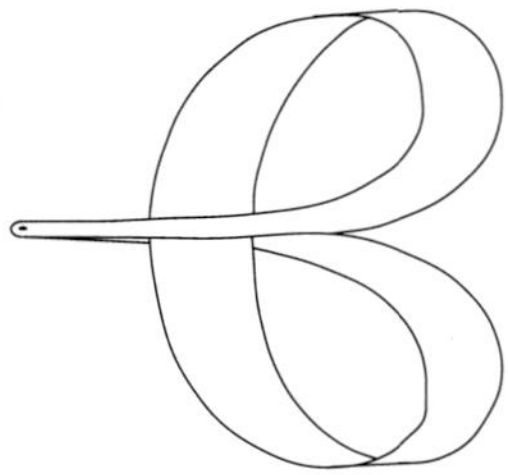

Streifen so biegen, daß jeweils die gleiche Farbseite zusammenzeigt. Die Löcher der Enden sollen übereinanderliegen.
Jetzt beide Streifen miteinander verkleben.
Alle fünf Streifen auf diese Art herstellen.

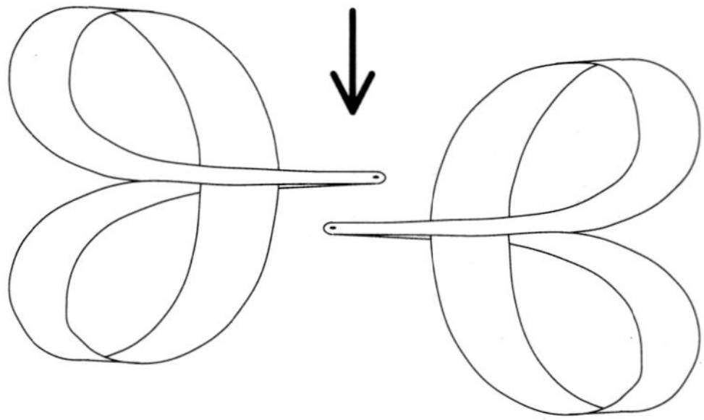

Der Reihe nach immer einen gebogenen Streifen auf den anderen kleben.
Die Streifen dabei kreisförmig anordnen.
Dabei darauf achten, daß die Löcher immer übereinanderliegen.

VARIANTE 1

Zweifarbiges Tonpapier läßt das Windrad wie eine Blüte erscheinen.

VARIANTE 2

Fünf gebogene Streifen aus Regenbogen-Tonpapier übereinanderstecken – fertig!

KEGELRAD

Der Innenkreis wird zu einem Kegel gefaltet.

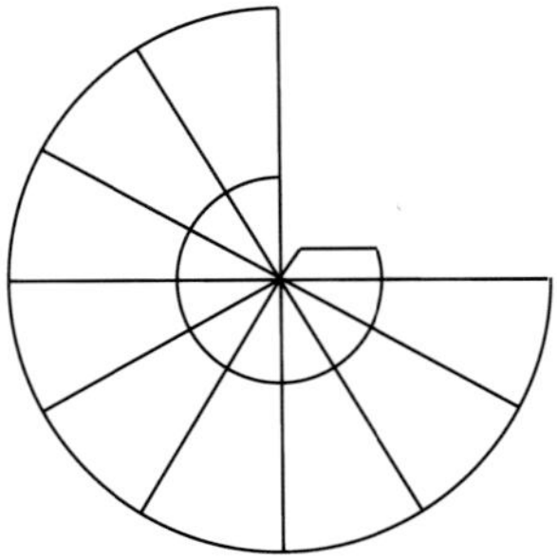

Einen Kreis mit dem Radius 9 cm ausschneiden. Den Innenkreis mit dem Radius 4 cm zeichnen. 1/4 Kreis (90°) ausschneiden, ein Klebefalz bleibt stehen. Die verbleibenden 270° des Kreises durch 12 teilen, es ergeben sich 22,5°.

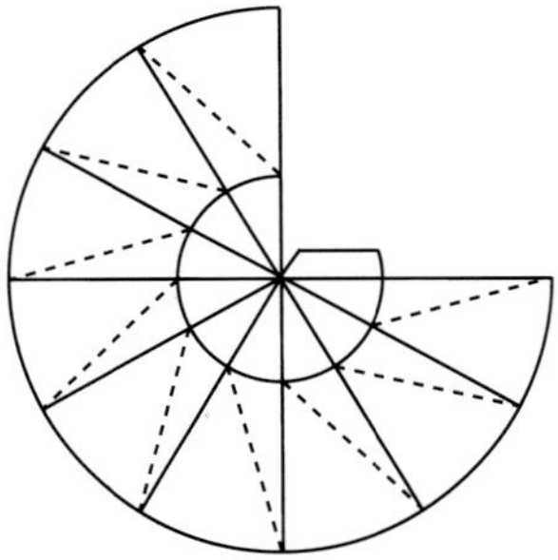

Alle Teilungslinien durch eine Diagonale mit dem Innenkreis verbinden.
Diese Linien als Faltlinien anreißen. Sie sind Talfalten.
Die Abschnitte bis zum Innenkreis einschneiden.

Den Innenkreis als Faltlinie anreißen, sie ist eine Talfalte. Entlang der Faltlinien die Flügel nach oben falten. Dann das Windrad zu einem Kreis schließen und am Klebefalz zusammenkleben.

VARIANTE 1

Die aufgeklebten Streifen des Farbkreises mischen sich, wenn das Rad sich dreht.

VARIANTE 2

Schnell eine tolle Wirkung! Regenbogen-Tonpapier bietet gute Möglichkeiten.

DOPPELKEGEL

Der Doppelkegel besteht aus zwei Teilen, die aufeinandergeklebt sind.

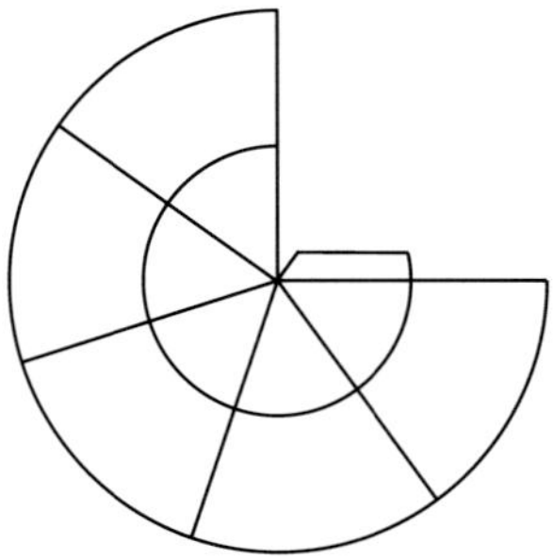

Zwei Kreise mit dem Radius 8 cm ausschneiden. Den Innenkreis mit dem Radius 4 cm zeichnen. 1/4 Kreis (90°) ausschneiden, ein Klebefalz bleibt stehen. Die verbleibenden 270° des Kreises durch 5 teilen, es ergeben sich 54°.

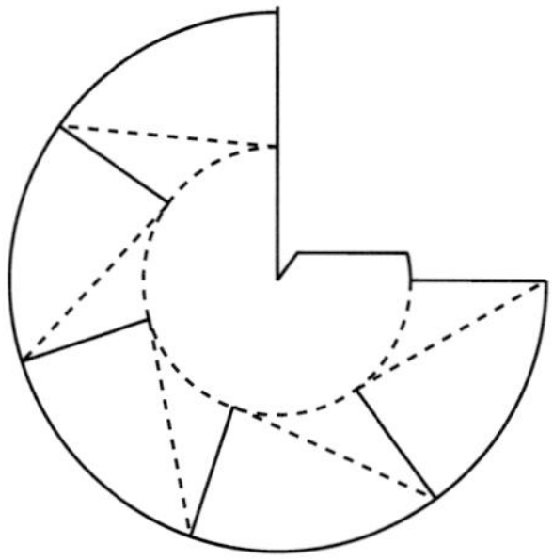

Alle Teilungslinien durch eine Diagonale mit dem Innenkreis verbinden.
Diese als Talfalte anreißen.
Den Innenkreis ebenfalls als Talfalte anreißen.
Die Abschnitte bis zum Innenkreis einschneiden.

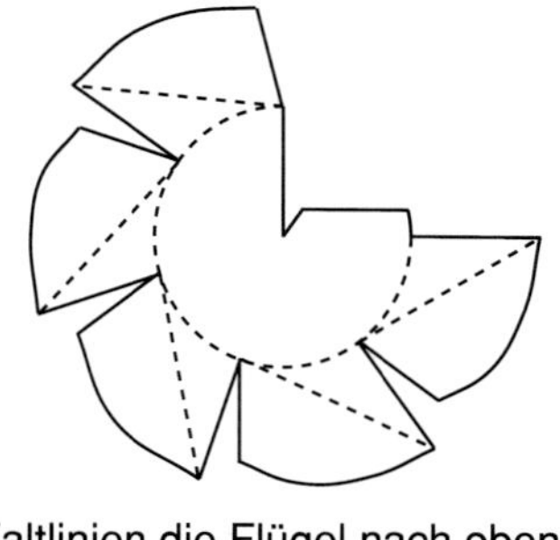

Entlang der Faltlinien die Flügel nach oben falten. Jetzt das Windrad zu einem Kreis schließen und am Klebefalz verkleben. Mit dem zweiten Kreis genauso verfahren.
BEACHTE: Die Faltlinien seitenverkehrt zeichnen!
Beide Räder an den Restflächen zusammenkleben.

Auf den Innenkreis wurde hier ein zweiter Kreis in violetter Farbe geklebt.

WINDTÜTE

Kreise ausschneiden, falten und zusammenkleben – das können auch die Jüngsten!

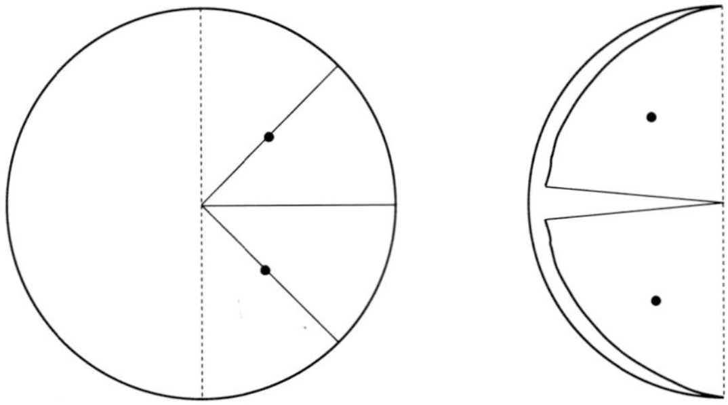

Vier Kreise mit dem Radius 6 cm ausschneiden.
Den Kreis halbieren und als Talfalte anreißen.
1/4 Kreis (90°) anzeichnen und einschneiden.
Die Kreisabschnitte von 90° nochmals teilen, es ergeben sich 45°.
Auf der Hälfte der beiden Strecken jeweils ein Loch stechen.
Entlang der Faltlinie den Kreis falten.

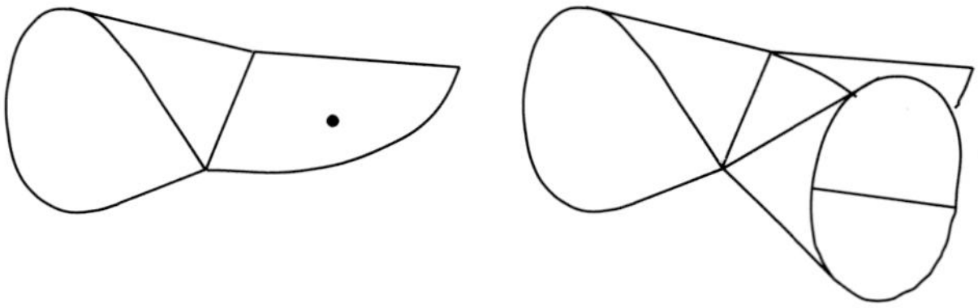

Die 1/4 Kreise entlang des Einschnitts so falten, daß die Löcher übereinanderliegen.
Die 1/4 Kreise zusammenkleben.
Vier Windtüten auf diese Weise anfertigen und in umlaufender Richtung (im Winkel von 90° versetzt) anordnen.

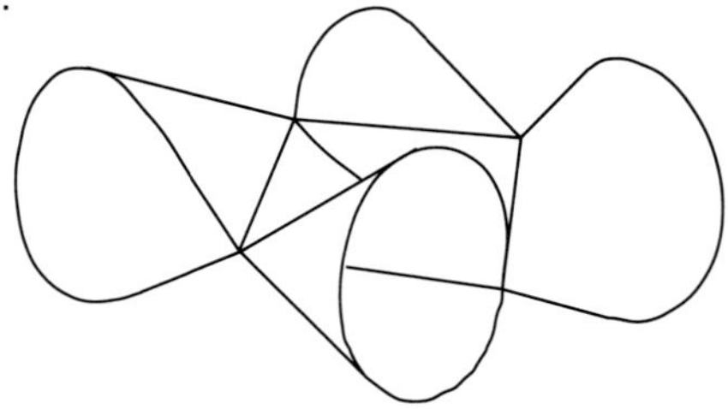

Bei einer Windtüte, die aus insgesamt acht Tüten besteht, zuerst jeweils zwei Tüten zusammenkleben.
Zum Schluß ebenso anordnen wie oben beschrieben.
Ein Quadrat mit der Kantenlänge von 6 cm wird auf die Innenfläche geklebt.

VARIANTE 1

Der Schnitt für die grafischen Linien ist auf Seite 29 abgebildet.

VARIANTE 2

Diese Windtüte besteht aus acht Tüten.
Der Schnitt für die grafischen Linien ist auf Seite 30 abgebildet.

SCHAUFELRAD

Die Schaufelräder entstehen durch zwei gefaltete Kreise, die zusammengeklebt sind.

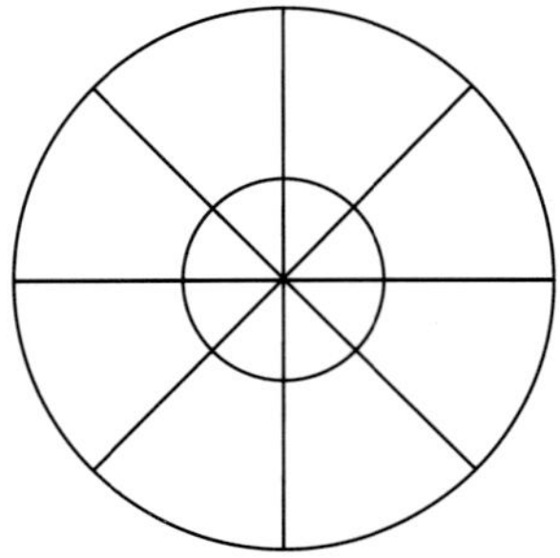

Zwei Kreise mit dem Radius 8 cm ausschneiden.
Den Innenkreis mit einem Radius von 3 cm zeichnen.
Den Kreis in acht gleich große Abschnitte teilen.

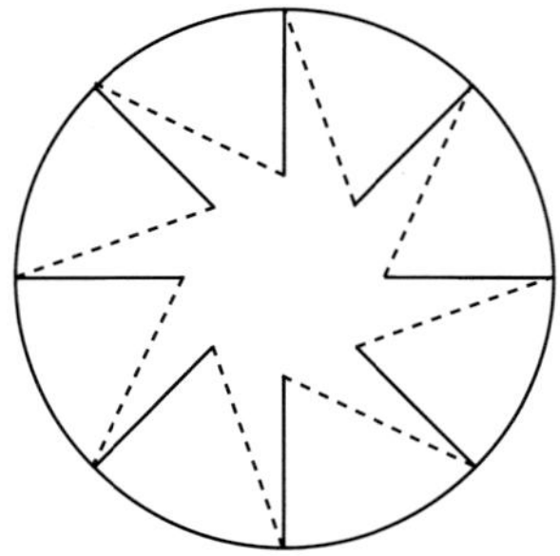

Die Abschnitte diagonal mit dem Innenkreis verbinden und als Talfalten anreißen.
Die Abschnitte bis zum Innenkreis einschneiden.

Entlang der Faltlinien die Flügel nach oben falten.
Das zweite Windrad genauso herstellen.
BEACHTE: Die Faltlinien seitenverkehrt zeichnen.
Zum Schluß beide Kreise an den Restflächen verkleben.

VARIANTE 1

Zwei Kreise in Orange und Gelb sind zusammengeklebt.

VARIANTE 2

Zwei weiße Kreise werden zusammengeklebt.
Die „Schaufeln“ haben hier die Farben des Farbkreises.

VARIANTE 3

Auf zwei zusammengeklebte blaue Kreise sind grüne „Schaufeln“ geklebt.

Herstellen der Motive für die Flügel

Vierflügler, Variante 1 Seite 12-13
Flügelrad, Variante 1 Seite 14-15
Schaufelrad, Varianten 2, 3 Seite 26-27

Motiv auf Transparentpapier pausen

Auf den ausgewählten Flügel einen Bogen Transparentpapier entsprechender Größe mit Klebeband befestigen. Die Konturen mit einem dünnen Bleistift nachziehen. Das Transparentpapier abnehmen und das Motiv an der Rückseite mit dem Bleistift nachzeichnen.

Schablone anfertigen

Das gepauste Motiv auf stärkeren Zeichenkarton legen und mit Klebestreifen befestigen.
Mit dem Cutter vorsichtig die Konturen nachfahren, so daß sie auf den Karton durchdrücken. Die Konturen können auch mit dem Stichel markiert werden. Transparentpapier abnehmen und Motiv ausschneiden. Dabei immer genau auf der Linie schneiden.

Ausschneiden und Aufkleben der Motive

Je nach Anzahl der Motive die Schablone auf das gewählte Papier legen.
Die Konturen wieder mit Bleistift nachziehen. Mit einer spitzen Schere die Rundungen der Motive ausschneiden. Für gerade Schnitte einen Cutter verwenden. Nicht die Schneidunterlage vergessen! Die einzelnen Motive mittels Klebestift auf die Windräder kleben.

Das Falten

Zur Markierung der Faltlinien dient ein Stichel oder ein Cutter.

Talfalte	– – – – –	Nach hinten gefaltete Linie, auf der Vorderseite einritzen.
Bergfalte	- - - - - - -	Nach vorn gefaltete Linie, auf der Rückseite einritzen.
Schnittlinie	————	Entlang dieser Linie das Windrad ausschneiden.

Originalgröße

Windtüte

Schnitt mit grafischen Linien

Die Vorlage in Originalgröße wird viermal kopiert. Mit farbigem Tonpapier ergeben sich viele Gestaltungsmöglichkeiten. Auch in Schwarz-Weiß ist dieses Windrad sehr schön. Die vier Kreise wie angegeben falten und miteinander verkleben.

Originalgröße

Windtüte Variante 1

Schnitt mit grafischen Linien

Der Schnitt wird achtmal kopiert.
Die einzelnen Tüten werden so gefaltet, daß die Kreislinien innen sind.

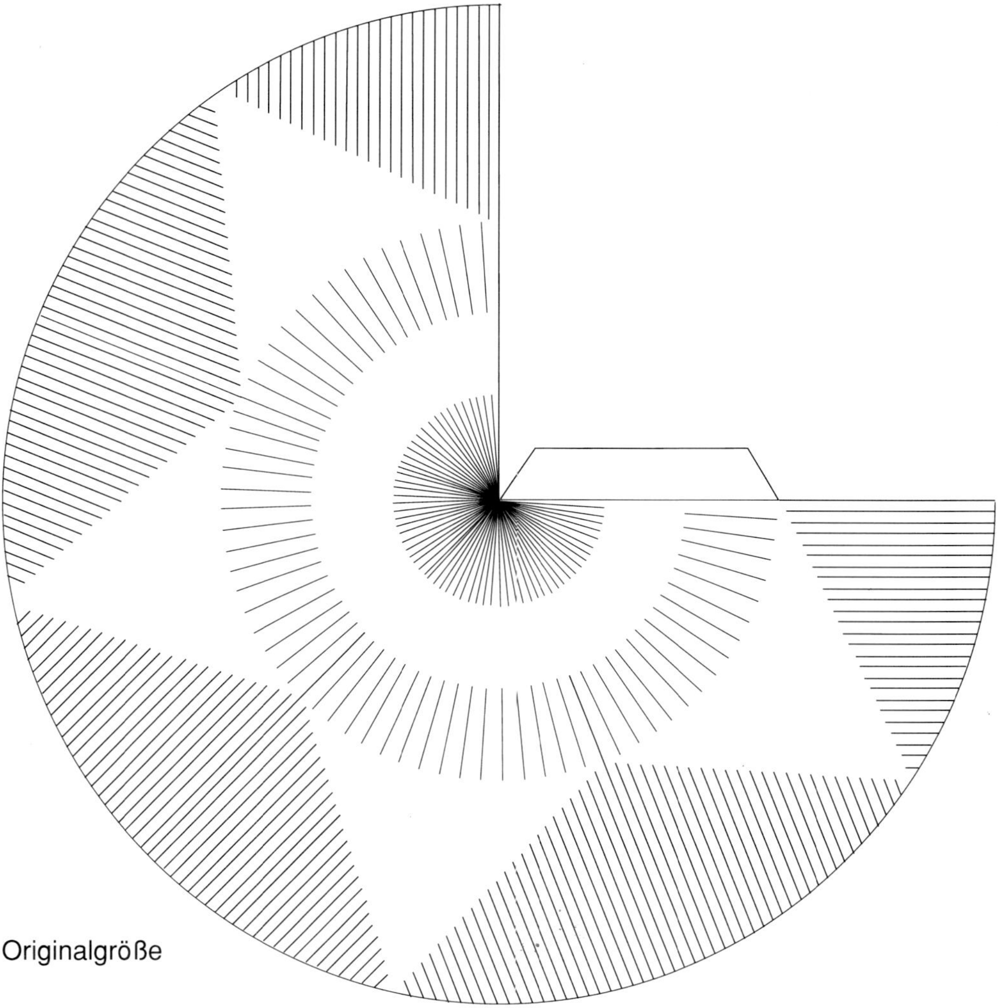

Originalgröße

Vierflügler

Schnitt mit grafischen Linien

Dieser Schnitt kann mit Hilfe eines Kopierers auf das Eineinhalbfache vergrößert werden. Beim Herstellen des Windrades genauso vorgehen wie in der Anleitung beschrieben. Die Größe der Innenkreise entsprechen den grafischen Linien.

Originalgröße

Doppelflügel

Schnitt mit grafischen Linien

Der originalgroße Schnitt wird zweimal kopiert und laut Anleitung eingeschnitten und gefaltet. Darauf achten, daß die Flügel seitenverkehrt zum Mittelpunkt verbunden werden! So entsteht der "Fischgrät-Effekt".